Hans Traxler

Fünf Hunde erben 1 Million

Bibliografische Information der Deutschen Bibliothek
Die Deutsche Bibliothek verzeichnet diese Publikation
in der Deutschen Nationalbibliografie.
Detaillierte bibliografische Daten sind im Internet unter
http://dnb.ddb.de abrufbar.

© edition buntehunde Regensburg 2008
www.editionbuntehunde.de

Alle Rechte vorbehalten! – Nachdruck oder Vervielfältigung jeglicher Art,
auch auszugsweise, nur mit schriftlicher Genehmigung des Verlags.
Text und Bilder: Hans Traxler
Autorenfoto: Isolde Ohlbaum
Satz und Litho: SchwabScantechnik, Göttingen
Druck und Bindung: Memminger MedienCentrum AG
Printed in Germany
ISBN 978-3-934941-50-2

Es ist jetzt etwa ein Jahr her, da lebte in einer alten Villa, mitten in einem wunderschönen Park, nicht weit von hier, eine alte Dame. Sie hieß »Miss Lilly«. Und die Villa, in der sie wohnte, hieß wie sie »Villa Lilly«. Zusammen mit ihr lebten fünf Hunde und ein Papagei, der laut und deutlich sprechen konnte.

Wenn du damals dort vorbeigekommen wärst, hättest du sie alle sehen können: Miss Lilly, die kleine alte Dame ①, Rosa, aus der Familie der Schlittenhunde ②, Fritz, den Spitz ③, Mimi, den stets frierenden Hund ④, Pauline, den Schnauzer ⑤, Julia, die Pekinesin ⑥. Und Ludwig, den Papagei ⑦ und Klara, die Ente ⑧. Und Albert, den Biber, der mitsamt seiner Sippe ständiger Gast im Park der »Villa Lilly« war ⑨.

Eines Tages, gegen Ende September, als die Blätter an den Bäumen schon anfingen, sich gelb und rot und braun zu färben, wurde Miss Lilly krank. Sie legte sich ins Bett und starb. Sie war tatsächlich schon sehr alt. Ihre fünf Hunde, Rosa, Fritz, Mimi, Pauline und Julia, Ludwig, der Papagei, und Klara, die Ente, liefen, angeführt von Dr. Knott, hinter dem Leichenwagen her. Sonst war niemand gekommen.

Als sie wieder zu Hause waren, schüttelten sich Rosa, Fritz, Mimi, Pauline und Julia den Regen aus dem Fell, und Ludwig schüttelte sein Gefieder. Sie niesten zum Gotterbarmen. Auch Dr. Knott nieste. Es war ein wirklich jammervoller Tag.

Am nächsten Morgen aber war alles vorüber. Die Sonne kroch langsam hinterm Rhododendronbusch hoch, und bald überstrahlte sie den ganzen Park. Die Wiesen funkelten vom Tau, von allen Bäumen tropfte es, und auf den Kieswegen krochen die schwarzen Schnecken. Im Baum sang eine Amsel. Klara, die Ente, segelte heran und schnatterte schon im Flug: »Einen allerliebsten guten Morgen beisammen!« Sie hatte vor lauter Freude über den schönen Tag ganz vergessen, dass Miss Lilly nicht mehr da war.

Die Hunde saßen auf der Veranda und gaben keine Antwort. Ihnen war bang zumute, und sie hatten Hunger. Es war so still im Haus. Sie hörten Miss Lilly nicht mehr, das Schlurfen ihrer kleinen Füße auf dem Parkett. Das Knarren der Treppen. Und vor allem vermissten sie das Auf- und Zuklappen der Kühlschranktür, wenn Miss Lilly das Futter herausholte. Und das Zischen des Gashahns, wenn sie es warmmachte. Ihre Mägen knurrten laut.

Sie trotteten vor den Kühlschrank und schauten ihn an. »Wer wird uns jetzt zu essen geben?« fragte Rosa. »Ich komme um vor Durst!« stöhnte Fritz, der Spitz. »Und wer wird in Zukunft die Halle ausfegen?« fragte Julia bekümmert. »Ich hasse es, wenn in allen Ecken die Staubmäuschen liegen!«

Unbehaglich schauten sie einander an. Pauline kratzte sich verlegen hinterm Ohr. »Jetzt geht es uns wie damals, bevor uns Miss Lilly zu sich nach Hause nahm. Als wir niemanden hatten, der für uns sorgte«, sagte sie. Und dann geschah's.

Mitten in die Stille hinein hörten sie Miss Lilly husten. Sie stellten die Ohren auf und wollten es nicht glauben. Aber dann war die Stimme wieder da, laut und deutlich: »Paulinchen, lauf zum Metzger Schnitt und hol ein Kilo Innereien!«

Pauline hatte es gehört, schnappte sich in der Küche die Einkaufstasche und rannte los ins Dorf zum Metzger Schnitt.

»Hallo Pauline«, sagte Herr Schnitt freundlich, »das Übliche?« Und er packte ihr ein Kilo Innereien in die Tasche.

Als Pauline zurückkam, stand die Sonne schon hoch am Himmel, und während sie über die große Wiese lief, hörte sie aus der alten Linde wieder die Stimme von Miss Lilly. »Braver Hund, Paulinchen, braver Hund!«

Wie kommt denn Miss Lilly in die Linde, dachte Pauline, und sie lief auf die andere Seite des Baums. Da fiel ihr vor Staunen die Tasche aus dem Mund. »Mann, Ludwig«, knurrte Pauline in den Baum hinauf, »du hast uns ganz schön reingelegt!«

Die anderen hatten den Lärm gehört und waren herausgekommen. »Ich finde, wir sollten Ludwig dankbar sein«, sagte Rosa. »Er hat hat uns schließlich auf die Idee gebracht, dass wir uns selbst helfen können.«

»Richtig«, rief Fritz, der Spitz, »wir können uns sehr gut selber versorgen.«

Und so geschah es. Pauline holte nun jeden Morgen ein Kilo bei Herrn Schnitt. Julia, die die Staubmäuschen nicht leiden konnte, fegte Halle und Treppe, und Rosa hatte ein längeres Gespräch mit Albert, dem Biber. Schon in der folgenden Nacht reinigte er mit seinen Kumpanen das Zierbecken, und als die Hunde am Morgen aus dem Fenster schauten, plätscherte das Wasser wieder in hohem Bogen ins Becken. Fortan hatten die Hunde genug Wasser zum Trinken und Baden.

Doch wenn das Telefon läutete, nahm niemand ab. So verging eine schöne Woche.

Eines Morgens sagte Julia, die als junger Hund im Zirkus aufgetreten war: »Schaut her!« Blitzschnell zog sie, wie sie es vor langer Zeit gelernt hatte, das Tischtuch vom Tisch, ohne dass die Vase mit den künstlichen Chrysanthemen umfiel. »Wer macht es mir nach?« Doch ehe sich jemand melden konnte, stieß Ludwig einen gellenden Schrei aus und schlug mit den Flügeln.

Vom Parktor her tönte Autogebrumm. Ein dicker schwarzer Wagen fuhr über den Kiesweg und hielt vor dem Eingang. Die Tür ging auf, und heraus stieg Dr. Knott. Die Hunde sprangen ihm hocherfreut entgegen, Ludwig rutschte behende das Treppengeländer hinunter, und Pauline hätte ihn fast umgeworfen vor Begeisterung.

Sie mochten ihn alle sehr, den kleinen alten Dr. Knott, der Miss Lillys Freund und Rechtsanwalt gewesen war.

»Kommt mal alle mit ins Haus«, sagte er, »ich habe euch was zu erzählen.« So gingen sie die Treppe hinauf.

»Füße abtreten! Füße abtreten!« kreischte Ludwig, und Dr. Knott trat sich die Füße ab.

Kaum hatten sie sich um Dr. Knott versammelt, da hörten sie aufs Neue Autolärm im Park. Quietschend bremste gleich hinter Dr. Knotts Auto ein Wagen in einer dicken Staubwolke. Zwei Männer, die sich ähnlich sahen wie ein Ei dem anderen, traten ein. Kein Hund hatte sie je gesehen.

»Gütiger Himmel!« seufzte Dr. Knott und drehte die Augen nach oben. Dann sagte er laut: »Ich habe Sie erwartet, Herr Ewald und Herr Oswald. Bitte folgen Sie mir in die Bibliothek.«

In der Bibliothek nahmen Herr Ewald, Herr Oswald, die Hunde und Ludwig auf Stühlen und Sofas Platz und schauten erwartungsvoll auf Dr. Knott.

Der holte einen versiegelten Brief aus seiner Aktentasche, öffnete ihn, prüfte noch einmal mit einem Blick über die Brille, ob auch alle ihm zuhörten, und las dann mit dünner Stimme vor:

»Letzter Wille!
Ich, Miss Lilly, vermache meinen Lebensgefährten Rosa, Fritz, Mimi, Pauline, Julia und Ludwig meine ganze Habe. Ihnen sollen die Villa gehören und der Park, die Bäume und die Wiesen, das Palmenhaus und der Zierfischteich. Und das Futtergeld auf Lebzeiten. Meine Neffen Ewald und Oswald dagegen, die sich nie um mich geschert haben, um die will ich mich jetzt auch nicht scheren.
Ich versichere, dass ich noch richtig im Kopf bin, und wünsche euch Tieren eine schöne Zeit.

                          Eure Miss Lilly«

Nachdem er geendet hatte, stand Dr. Knott auf, steckte jedem Hund eine Rumkugel in den Mund, so wie er es immer getan hatte, wenn er Miss Lilly besuchte. Dann fuhr er fort. Die Herren Ewald und Oswald würdigte er keines Blickes.

Bei der Verlesung des Testaments hatten sie mit langen Gesichtern dagesessen, nun aber wurden sie wütend.

»Ihr abscheulichen Köter, glaubt doch bloß nicht, dass wir, die Herren Ewald und Oswald, uns das gefallen lassen!« bebte Ewald. Und Oswald brüllte: »Villa Lilly – eine Hundehütte? Wo sind wir denn! Dass ich nicht lache! Wir sprechen uns noch!«

Und damit stürmten sie hinaus. Ludwig schrie hinter ihnen her: »Wir sprechen uns noch! Wo sind wir denn! Wir sprechen uns noch!« Die Tür knallte ins Schloss, und lange noch konnte man in der stillen Nacht das Auto hören.

Wenige Tage später ging Fritz, der Spitz, frühmorgens durch den Park. Da lag mitten auf dem Kiesweg eine runde braune Kugel. Fritz glaubte zu träumen und rieb sich die Augen. Die Kugel aber blieb, wo sie lag. Vielleicht hat Dr. Knott sie verloren, dachte Fritz und schnappte zu. Doch kaum hatte er sie geschluckt, sah er ein paar Meter weiter eine andere, und dann noch eine und noch eine und dann … fingen die Bäume an sich zu drehen, die Villa drehte sich, und dann drehte sich der ganze Park wie ein Karussell. Ich bin wohl ein bisschen benebelt, dachte Fritz und torkelte ins alte Hundehäuschen.

Mitten aus dem Schlaf riss ihn ein harter Ruck. Das Häuschen schwankte, unter ihm, um ihn herum, wie wild, hin und her. Voller Entsetzen sprang er auf und schaute hinaus.

»Es ist nicht zu fassen!
Ich fliege! Ich fliege tatsächlich!
Oder wenn ich nicht fliege, dann fliegen diese Häuser da draußen an mir vorbei!«

Fritz schwor sich, nie wieder eine von diesen verflixten Rumkugeln anzurühren.

Er fühlte sich auf einmal sehr verlassen. Ohne Rosa, ohne Mimi, ohne Pauline, ohne Julia, ohne Ludwig.

»Rrrräuber, Rrrräuber!« kreischte Ludwig, der Papagei. Er hatte die Nacht in der alten Ulme zugebracht und war plötzlich aufgeschreckt.

»Rrrrrräuber!« schrie er noch einmal. Doch da war das Hundehäuschen schon zwischen den Bäumen hindurch verschwunden und fuhr quer durch den Park zum Tor hinaus.

Kopfüber kletterte er den Stamm der Ulme hinunter und hastete über die Wiese auf die Villa zu. Denn das Fliegen hatte er längst verlernt. »Halt aus, Fritz, wir kommen!« schrie er, als ob Fritz ihn noch hätte hören können.

»Rosa, Rrrrosa«, kreischte er, denn von Weitem sah er Rosa allein auf der Terrasse sitzen. »Räuber haben unseren Fritz entführt. Sie haben Fritz im Hundehaus entführt!«

Rosa begriff sofort. »Sitz auf«, rief sie, »halt dich fest!« Und ab gings wie der Wind, den Park hinunter, über den Fluss, in die Berge hinein, immer hinter dem Auto der Entführer her.

Rosa ist ein starker und ausdauernder Hund. Das hat sie von ihrem Urgroßvater mütterlicherseits, einem Hund namens Tung-fan-hung. Der war Schlittenhund. Er konnte, ohne

anzuhalten, quer durch Grönland rennen und einen dickvermummten Eskimo im Schlitten hinter sich herziehen.

Aber nun gings in den Berg, und der Vorsprung der Entführer wurde immer größer.

»Achtung! Wir kürzen ab«, rief Rosa. Und holterdipolter ging's durch die Fichtenschonung einen Steilhang hinab.

»Und jetzt durch den Stausee«, rief Rosa. »So kriegen wir sie!«

»Hilfe«, keuchte Ludwig, »ich kann nicht schwimmen!«

»Unsinn, alle Tiere können schwimmen. Du wirst schon sehen.«

»Rosa!! Ich warne dich!!! Wenn du das tust, rede ich nie nie wieder auch nur ein einziges Wort mit dir!«

Doch Rosa war schon weggetaucht … Und Ludwig schwamm um sein Leben.

»Na?« sagte Rosa, als sie wieder an Land stiegen. Doch Ludwig schwieg verbissen und flog nicht wieder auf Rosas Rücken.

»Oje«, dachte Rosa bekümmert, »ich glaube, der ist wirklich eingeschnappt!«

Fritz lag auf einem Strohhaufen in der Ecke einer alten Berghütte. Sein Halsband war an einer schweren Kette an der Wand festgemacht, und in seinem Kopf brummte es wie in einem Hummelnest. In der anderen Ecke des Raumes saßen Ewald und Oswald, seine Entführer. Und Ewald schrieb einen Brief.

> Sehr geehrter Herr Dr. Knott!
> Wir haben Fritz, den Spitz, in unsere Gewalt gebracht. Entweder Sie vernichten das Testament und machen uns damit zu Universalerben, oder Fritz, der Spitz, wird im Morgengrauen erschossen.
> Die Enterbten.

Ewald steckte den Brief in einen Umschlag und gab ihn Oswald. Oswald verließ die Hütte, und gleich darauf hörte Fritz das Auto wegfahren.

Fritz hatte in den letzten Jahren nur liebe Menschen um sich gehabt. Miss Lilly, die ihn wie alle anderen von der Straße geholt hatte, Dr. Knott mit den Rumkugeln und Herrn Schnitt mit den Innereien. Aber diese beiden dicken Menschen da, die sich ähnlich sahen wie ein Ei dem anderen, die machten ihm Angst. Er wäre gern weggelaufen, doch die Kette zog schwer an seinem Hals. Er musste sich etwas einfallen lassen.

Als es dunkel wurde, hielt Ewald ein Streichholz an die Gaslampe. Riesengroß stand Fritz' Schatten an der Wand, und wenn er sich bewegte, erschienen gespenstische Figuren. Das erinnerte ihn an seine Zeit im Zirkus: Fritz richtete sich leicht auf, streckte seine Vorderbeine aus und hielt still. Ein riesengroßes Krokodil erschien an der Wand.

»He!« fuhr Ewald auf. »Was machst du denn da!? Kannst du noch mehr solche Sachen?«

Fritz, der Spitz, zerrte an der Kette und jaulte. »Wenn du mir die Zeit vertreiben willst, du Köter«, maulte Ewald, »dann binde ich dich los.« Er nahm ihm die schwere Kette vom Halsband, und Fritz machte ein Schattenspiel nach dem anderen.

Er sträubte das Fell und war ein Igel. Er machte eine Kerze und war der Vogel Strauß. Dann zeigte er sich als Hase, der ein Männchen macht, und schließlich erschien auch noch die Mickymaus an der Wand.

Ewald klatschte sich auf die Schenkel. »Du bist wirklich eine Nummer«, rief er. »Einsame Klasse!« rief er. »Wär' richtig schade, wenn wir dich erschießen müssten.«

Jäh wurde Ewalds Begeisterung unterbrochen. Die Fensterscheibe neben ihm zersplitterte mit Getöse und eine Stimme rief barsch: »Hände hoch oder ich drrrücke ab!«

Ewald durchfuhr der Schrecken, und er hob die Hände hoch, ohne hinzusehen. Er zitterte am ganzen Körper, und schon spürte er eine Pistole in seinem Rücken. Vor Aufregung merkte er nicht, dass es in Wirklichkeit nur ein Stock war, der aus dem Mauerwerk hervorragte. Mit einem Satz war Fritz durch das zerschlagene Fenster hindurch ins Freie gesprungen, und Fritz, Rosa und Ludwig, der Papagei, jagten in der Nacht davon.

Als sie längst über alle Berge waren, fragte Ewald, immer noch zitternd und schweißbedeckt: »Kann ich jetzt meine Hände runternehmen?«

Als er sich vorsichtig umdrehte, sah er nur noch eine Papageienfeder auf dem Fensterbrett. »Diese Köter!« schrie er. »Die haben mich reingelegt!« Er hatte eine schreckliche Wut im Leib.

Drei Tage nach der glücklichen Heimkehr von Fritz, dem Spitz, machten die Tiere einen Spaziergang durch den Park. Es war Herbst geworden und schon ein bisschen neblig.

»He«, schnatterte Klara aufgeregt, »seht mal, da drüben am Waldrand steht ein Zirkus! Ein Zirkus hat sein Zelt aufgeschlagen! Vielleicht kommen wir gerade noch recht zur Vorstellung!«

»Ach quaak«, brummte Rosa, »das ist Miss Lillys geheimnisvoller Pavillon.« »Wo wir nie hineindurften«, erinnerte sich Pauline. »Aber jetzt dürfen wir«, sagte Rosa, »den haben wir ja schließlich auch geerbt, oder?« Sie drückte mit ihrem ganzen Gewicht gegen die alte Tür, da ging sie knarrend auf.

Erstaunt blickten die Tiere auf die vielen seltsamen Dinge, die Miss Lilly von ihren weiten Reisen mitgebracht hatte. Das Allermerkwürdigste war ein Löwenkopf. »Sehr brauchbar«, sagte Rosa und setzte ihn auf.

»Donnerwetter!« pfiff Albert, der Biber, anerkennend durch die Zähne. »Wenn ich nicht genau wüsste, dass du darin steckst, würde ich mich jetzt vor Angst aus dem Staub machen.«

Mimi flüsterte: »Ich friere vor Angst, so fürcht' ich mich!«

Ludwig krächzte: »Grrroßarrtig! Einfach Grrroßarrtig!«

»Nur darfst du dich nicht von hinten zeigen, sonst sehen alle, dass du nur ein Hund bist!« rief Pauline, und alle lachten wie toll.

Mit einem Mal flog Klara aufs Fensterbrett und schnatterte aufgeregt. »Gefahr, Gefahr!« Alle stürzten hinaus und rannten über die große Wiese zur Villa zurück.

Rosa hatte noch den Löwenkopf auf. Da sahen sie vor dem Eingang das Auto von Ewald und Oswald.

»Ihr wartet hier auf mich«, befahl leise Rosa und verschwand lautlos im Haus.

Dort hatten es sich Ewald und Oswald bequem gemacht. Das Feuer brannte im Kamin und in den Zigarren. Kaffee, Branntwein und Kirschtorte standen auf dem Tisch. Weil niemand im Hause war, hatten sie geglaubt, Rosa, Fritz, Mimi, Pauline, Julia und Ludwig hätten sich nun endgültig davongemacht.

»So könnte ich es die nächsten 10 Jahre aushalten«, sagte Ewald. Oswald nahm zufrieden einen Schluck und lehnte sich behaglich zurück.

Die beiden fühlten sich nun schon als die Herren des Hauses. Auf einmal klirrte der Kronleuchter, da wirbelten Tassen, Teller, Löffel, Tortenstücke und Zigarren durch die Luft. Denn ein Löwe hatte gebrüllt, und Löwen brüllen furchtbar laut.

Ewald, der den Löwen zuerst gesehen hatte, fuhr hoch, stürzte die Treppe hinauf und sprang durchs geschlossene Fenster ins Freie. Pauline sah, wie er in einer Wolke von Glassplittern an ihr vorüberflog. Ewald stürzte ins Auto und startete gleich darauf mit jaulenden Reifen.

Was für ein grauenvolles Haus, dachte er, und war heilfroh, dem Löwen entkommen zu sein. Da spürte er, dass ihm jemand auf die Schulter klopfte. »Bist du's, Oswald?« fragte er verwundert und warf einen Blick auf seine Schulter. Aber das war nicht Oswald, es war eine Tatze, und starr vor Schreck klammerte er sich an das Lenkrad. Noch ehe er schreien konnte, hielt ihm jemand die Auge zu und brüllte los, wie nur ein Löwe brüllen kann.

Das war zuviel. In höchster Geschwindigkeit raste der Wagen geradeaus. Leider aber machte die Straße gerade hier eine Linkskurve.

Während Ewald sich verzweifelt am Baum festklammerte, kam ein Polizist um die Ecke. Ausgerechnet jetzt!

»Sie parken auf der falschen Fahrbahnseite!« sagte er streng.

»Herr Wawachtmeister, dada ist ein Löwöwe auf dem Rücksitz!« stotterte Ewald.

»Betrunken sind Sie auch noch!« sagte der Polizist noch strenger. »Kommen Sie sofort da herunter, Mann!«

Ewald ließ sich vorsichtig fallen.

»Falsches Parken, Trunkenheit am Seuer und Baumfrevel …«, notierte der Polizist auf seinem Block. »Wir beide fahren jetzt mal auf die Wache. Ich glaube, Sie werden eine ganze Weile bei uns bleiben.« »Mimir ist ja alles recht«, stammelte Ewald, »wenn nur der Löwe eine eigene Zelle bekommt!«

Oswald hatte sich, als Ewald verschwunden war, aus der Hintertür geschlichen und war ins Palmenhaus geflohen. Das Gesicht grün vor Schreck saß er nun hinter einer Bananenstaude. Plötzlich hörte er jemanden husten. Dann knarrte eine Tür. Und dann tönte eine Stimme, an die er sich nur zu gut erinnerte: »Oswald, du Rrrrumtrrreiber!«

Oswalds Gesichtsfarbe wechselte von grün zu grau. »Tante Lillys Geist!« wimmerte er. »Ihr Geist kommt, mich zu holen.«

Und wieder tönte die Stimme, diesmal aus dem Palmwipfel: »Rrraus hier, du Errbschleicher!«

Oswald ließ sich fallen, landete in Miss Lillys berühmter Kakteensammlung, rappelte sich quiekend hoch und raste durch Gladiolen, Lianen und Gummibäume ins Freie.

Draußen war soeben Dr. Knott vorgefahren. Oswald stürzte auf ihn zu, sprang in seinen Wagen und flehte ihn an: »Fahren Sie los, fahren Sie weg, ein Geist! Hier spukt's!« und Dr. Knott fuhr tatsächlich los, hinein in den Wald. Doch kaum waren sie ein Stück gefahren, schlug eine Tanne quer über den Weg.

Dr. Knott bremste. Da fuhr ein zweiter Baum, ein dritter, ein vierter herab. Und so waren sie hoffnungslos eingesperrt.

Dr. Knott stieg aus seiner Limousine. Zwischen den gefällten Bäumen saß Albert, der Biber, mit seiner Sippe. »Das war Maßarbeit, Albert«, sagte Dr. Knott anerkennend, »gratuliere!«

Dann wandte er sich an Oswald, der weiß vor Schreck dasaß. »Ich sehe überall Gespenster«, wimmerte Oswald. »Nie mehr werde ich auch nur einen Fuß in Tante Lillys Haus tun. Das gebe ich Ihnen schriftlich.« »Ich habe alles vorbereitet«, sagte Dr. Knott, »Sie brauchen nur noch zu unterschreiben.« Dr. Knott holte ein Papier aus der Tasche, und Oswald unterschrieb.

Ein paar Tage später trollten Pauline und Klara duch den Park. Klara war ein paar Schritte vorausgegangen. »He, Pauline, guck dir das an!« rief sie aufgeregt.

Im Gras saß ein kleiner Kater. Pauline kam angetrabt. »He, du«, sagte sie zu dem kleinen Kater und stubste ihn an. »Wer bist denn du?«

Der kleine Kater leckte sich vor Verlegenheit ganz schnell das linke Vorderbein.

»Ich wohne eigentlich in der Großstadt«, erzählte er, »bei lieben Leuten in einer ganz tollen Wohnung. Nun haben sie aber beschlossen, ans Meer in Urlaub zu fahren, und weil das Hotel dort keine Katzen duldet, wussten sie nicht, wohin mit mir. Ich selbst wusste es auch nicht.«

»Aber es gibt doch Tierheime!« blaffte Pauline.

Der Kater leckte sich wieder geschwind das linke Vorderbein. »Die waren ihnen zu teuer. Deshalb haben sie mich hier ausgesetzt. Mein Herr sagte mir noch, jedes Tier findet sich in der Natur zurecht, und die Kinder sollten sich nicht so anstellen, ich könnte ja Mäuse fangen.«

»Komm mit, Kater,« brummte Pauline, »ich glaube, das interessiert die anderen auch.«

Rosa, Mimi, Julia, Ludwig und Fritz, der Spitz, hörten sich den Bericht des kleinen Katers mit Empörung an.

»Du sagst, so wie dir geht's vielen Tieren?« fragte Klara.

»Leider. Überall in den Parks und in den Wäldern um die Stadt herum findet man sie, wenn die Urlaubszeit begonnen hat. Wenn die Leute Ferien machen.«

Eine Weile dachten alle still nach. Dann brummte Rosa: »Ich glaube, ich hab' eine Idee. Ludwig sollte das mit Dr. Knott besprechen.«

Und so geschah's.

Dr. Knott studierte das Testament noch einmal sehr aufmerksam. Dann sah er die Tiere der Reihe nach an. »Ich kann beim besten Willen kein einziges Wörtchen finden, das gegen euren Plan spricht. Ich selbst werde mich darum kümmern.«

Dr. Knott hielt Wort. Er ließ ein großes Schild malen und bestellte beim Metzger Schnitt 20 Kilo Innereien täglich.

Und als Rosa am anderen Morgen nach dem Wetter sehen wollte, blieb ihr fast der Atem weg. »Na«, knurrte sie erschüttert, »der kleine Kater hat wahrhaftig nicht übertrieben.« Dann weckte sie die anderen, um die Feriengäste zu begrüßen.

Wie dieses Buch entstand

Damals wohnte ich mit einer Gruppe von Freunden in einer prächtigen alten Villa, die sich einst der reichste Bierbrauer der Welt gebaut hatte. Er kam jeden Sommer aus den USA in den Taunus. Sogar der amerikanische Präsident Theodore Roosevelt besuchte ihn hier. Aber dann starb Adolphus Busch, der reiche Bierbrauer, und ein paar Jahre später auch Miss Lilly, seine Frau. Ihre 13 Kinder blieben in den USA, und so verfiel die Villa Lilly, erst langsam, dann immer schneller.

Als wir sie in den 70er Jahren mieteten, war das alte Gebäude in einem jämmerlichen Zustand. Die Heizung tropfte, die Fenster waren morsch, die Tapeten hingen von den Wänden, und fast alle Möbel waren gestohlen worden. Aber es war immer noch ein wunderschönes Haus. Wir verbrachten fünf Jahre lang jedes Wochenende und die Sommerferien dort. Im Wintergarten gründeten wir 1979 die Zeitschrift TITANIC.

Um die gleiche Zeit las ich folgende Zeitungsmeldung: In England war eine alte Dame gestorben und hatte ihren Hunden ihr Haus und ihr Vermögen hinterlassen. Ihrer Familie passte das nicht. Es kam zu einer Gerichtsverhandlung, bei der die Hunde als Nebenkläger auftraten und gewannen. Nach englischem Recht geht das. Das gefiel mir.

Ich zog mich für ein langes Wochenende in mein Zimmer zurück (es ist das auf Seite 11) und schrieb. Es wurde mein erstes Kinderbuch und ist in viele Sprachen übersetzt worden. Sogar ein Zeichentrickfilm und ein Theaterstück entstanden danach.

Aber dann ging es dem Buch so ähnlich wie der Villa Lilly – es geriet mit den Jahren in Vergessenheit. Und nun ist es wieder da – in einer behutsam restaurierten Fassung in größerem Format.

Auch die Villa Lilly ist liebevoll restauriert worden und bildet heute zusammen mit den Nebengebäuden ein Therapiedorf.

Übrigens: Die Hunde Pauline, Rosa und Julia habe ich nach der Natur gezeichnet, und auch Ludwig, der Papagei hat wirklich gelebt. Sein Besitzer, ein Student, hatte ihm Sätze beigebracht wie: »Schnell weg, die Räuber kommen!« oder »Frohe Weihnachten, ihr Blödmänner!« und »Es lebe die Revolution!« Lora, so hieß Ludwig im wirklichen Leben, sprach so klar und deutlich, dass sie jeden Besucher reinlegte, wenn sie im Nebenzimmer losredete, genau so wie Ludwig Miss Lilly's Neffen, Herrn Ewald und Herrn Oswald, reinlegte.

Wir hatten viel Spaß damals in der Villa Lilly.

Eigentlich, finde ich, müsste man dieses englische Gesetz, wonach Tiere ihre Herrchen und Frauchen beerben können, auch in Deutschland einführen. Vielleicht liest ja ein Politiker dieses Buch und nimmt die Sache in die Hand.

Hans Traxler